Feliz Día de Acción (

Texto por Anjeanetta Prater Matthews
Fotos por Anjeanetta Prater Matthews y Donna Roeder

Aquí está el pavo.

Aquí está el relleno.

Aquí están los camotes.

Aquí están los ejotes.

8

Aquí está el pastel.

Aquí está la mesa.

Aquí está la familia.

Nivel de intervención: 1
Nivel de lectura: A

Número de palabras: 28

Palabras de uso frecuente:

Aquí	está	la
el	están	los

Nivel de intervención: 1
Nivel de lectura: A

HOPSCOTCH

Jump into Literacy!

ISBN 978-1-60457-783-9

90000

9 781604 577839

PL 6702SP

www.pacificlearning.com

Animales de colores

Texto por
Anjeanetta Prater Matthews

Animales de colores

Published in the United States of America by:
Pacific Learning
P.O. Box 2723
Huntington Beach, CA 92647-0723
www.pacificlearning.com

ISBN: 978-1-60457-792-1
PL-6709SP